Armin Täubner

Filigrane Mobiles

frechverlag

Von dem bekannten Autor Armin Täubner sind im frechverlag weitere Bücher erschienen. Hier eine Auswahl:

TOPP 2643

TOPP 2606

TOPP 2593

TOPP 2640

TOPP 2589

TOPP 2554

Fotos: frechverlag GmbH + Co. Druck KG, 70499 Stuttgart;
Fotostudio Täubner

Dieses Buch enthält:
2 Vorlagenbogen

Auflage:	5.	4.	3.	2.	1.	Letzte Zahlen
Jahr:	2004	2003	2002	2001	2000	maßgebend

frechverlag GmbH + Co. Druck KG, 70499 Stuttgart

ISBN 3-7724-2690-5 · Best.-Nr. 2690

Druck: frechverlag GmbH + Co. Druck KG, 70499 Stuttgart

Jeder zarte Hauch – allein ein Ausatmen schon – bringt Leben in diese wunderschönen filigranen Mobiles. Die Motive sind vielfältig: Bunte Falter und Kolibris schwirren Nektar suchend zwischen tropischen Blütenkelchen umher, flinke Eichhörnchen springen von Ast zu Ast, an den Ringen turnen muntere Affen. Geister, Gespenster, Teufelchen und Marsmännchen erwachen zu fröhlichem Mummenschanz. Auch Igel, Frösche, Fische, Fuchs und Hase fügen sich ein in den vergnügten Reigen. Für jeden Geschmack, für jeden Anlass ist etwas dabei.

Die einzelnen Motive werden aus Ton- oder Regenbogenkarton geschnitten. Sie sind aus einem Teil gefertigt und benötigen deshalb bis auf zwei Ausnahmen keinen Klebstoff. Zweige, Holzstäbe oder individuell geformte und bemalte Spiralen und Bügel dienen als Aufhängung. Hauchdünne, fast unsichtbare Nylonfäden lassen sich dabei genauso schön verwenden wie farbige Schnüre, die zusätzlich als Gestaltungselement wirken und sogar durch aufgezogene bunte Holzperlen noch besonders betont werden können.

Und das brauchen Sie

Für die Motive selbst brauchen Sie Tonkarton oder Regenbogenkarton. Diese sind in der jeweiligen Anleitung nicht extra erwähnt.

Zweige, Rundholzstäbe, Drahtbügel oder Spanndraht dienen als Aufhängevorrichtung. Fast alles bekommen Sie im Bastelgeschäft.

Neben Transparentpapier, dünnem Karton und einem Bleistift benötigen Sie für das Ausschneiden der Figuren eine große und eine kleine spitze Schere, einen Cutter (Bastelmesser) und ein Grafikermesser. Sorgen Sie für eine geeignete Schneideunterlage.

Weiterhin sind Seitenschneider, Rundzange, Lochzange, Zirkel, Schraubstock, Vorstechnadel und eine Bohrmaschine wichtig. Mit Holzperlen, Baumwoll- und Nylonfaden und einem HOLZ-PEN (von Hobbidee®) sind Sie komplett ausgestattet. Für einige Mobiles benötigen Sie zusätzlich etwas Klebstoff.

Schritt für Schritt

1. Pausen Sie die Motive mit Bleistift auf Transparentpapier ab, kleben Sie dieses dann auf einen dünnen Karton und schneiden Sie die Motive aus. Für die äußere Kontur werden Schere und Cutter (Schneideunterlage!) verwendet. Für die engen Kurvenschnitte eignet sich ein Grafikermesser am besten, denn es hat eine spitzere Klinge als der Cutter. Die Innenschnitte werden so weit verbreitert, dass eine Bleistiftspitze dazwischen passt.

2. Legen Sie die Schablone auf den Tonkarton und ziehen Sie die Konturen mit Bleistift nach. Auch die Punkte, Innenlinien und Aufhängelöcher werden eingezeichnet.

3. Schneiden Sie das Motiv aus. Die Augen werden mit der Lochzange ausgestanzt und das Aufhängeloch wird mit der Nadel gestochen.

4. Die Löcher der Holzperlen lassen sich mit der Bohrmaschine so erweitern, dass sie auf den Rundholzstab passen. Damit sich die Perlen beim Bohren nicht drehen, werden sie in einen Schraubstock gespannt. Die Holzstäbe können mit dem Seitenschneider, einer Rebschere oder einer kleinen Säge auf die benötigte Länge gekürzt werden. Malen Sie den Stab mit einem HOLZ-PEN in der gewünschten Farbe an und stecken Sie die Holzperlen auf. Legen Sie den Holzstab und die mit Aufhängefäden versehenen Motive auf eine linierte oder karierte Unterlage. Die Linien erleichtern Ihnen das Positionieren von Aufhängevorrichtung und Motiven. Knüpfen Sie die Motive noch auf der Unterlage an den Holzstab bzw. an die Bügel.

Das Ausbalancieren von Mobiles mit mehreren Bügeln erfolgt anschließend. Hängen Sie das Mobile frei auf. Beginnen Sie mit dem obersten Bügel und schieben Sie den Aufhängefaden ein wenig zur Seite. Ist die richtige Stelle gefunden, wird der Faden nochmals angezogen oder einfach mit etwas Klebstoff fixiert.

Affenzirkus

Ca. 39 cm x 55 cm

- ➤ Rundholzstab, ø 3 mm, 37 cm lang
- ➤ Gelber HOLZ-PEN
- ➤ 4 rote Holzperlen, ø 15 mm
- ➤ 6 blaue Holzperlen, ø 12 mm
- ➤ 3 rote, 2 gelbe, 3 blaue Holzperlen, ø 8 mm
- ➤ 4 rote, 6 gelbe, 6 blaue Holzperlen, ø 6 mm
- ➤ Bohrmaschine (Bohrer ø 3 mm)
- ➤ Lochzange
- ➤ Zirkel
- ➤ Rotes Häkelgarn

Malen Sie den Rundholzstab mit dem HOLZ-PEN gelb an. Anschließend werden die Löcher der großen roten und blauen Holzperlen mit der Bohrmaschine auf 3 mm erweitert. Stecken Sie die Perlen auf den Holzstab.
Die bunten Ringe mit den Radien 1,8 cm und 3 cm werden mit rotem Garn an den Holzstab geknüpft, nachdem Sie die kleinen Holzperlen aufgefädelt haben. Die Affen können Sie mit den Knien oder mit den umgeklappten Fingern in die Ringe einhängen.

Von Blüte zu Blüte

Abbildung Seite 10

Ca. 45 cm x 50 cm

- Grün ummantelter Spanndraht, 45 cm lang
- 28 grüne Holzperlen, ø 12 mm
- 8 blaue Holzperlen, ø 12 mm
- 3 blaue Holzperlen, ø 8 mm
- 15 blaue Holzperlen, ø 6 mm
- 57 grüne Holzperlen, ø 6 mm
- Rundzange
- Lochzange
- Nylonfaden

Biegen Sie den Draht genau in der Mitte im Winkel von etwa 140 Grad und formen Sie mit der Zange an einem Ende eine Öse. Auf das andere Ende werden zuerst vier große blaue Holzperlen gesteckt. Es folgen die großen grünen und die vier restlichen großen blauen Perlen. Dann formen Sie eine zweite Öse und biegen dort, wo die blauen auf die grünen Perlen treffen, die Drahtenden nach oben.

Für die drei Blütenstängel ziehen Sie auf jeden Nylonfaden zuerst eine mittelgroße blaue Holzperle (ø 8 mm) auf. Es folgen kleine grüne und eine blaue Perle (ø 6 mm). Den Faden knüpfen Sie an ein Doppelblatt, dann befestigen Sie daran einen weiteren und reihen auf diesen eine kleine blaue, mehrere kleine grüne und abermals eine kleine blaue Perle auf, bevor Sie ihn am nächsten Doppelblatt bzw. am Aufhängebügel befestigen. (Die Anzahl der kleinen grünen Perlen an den drei Stängeln von unten nach oben sind: links 3 - 4 - 10, Mitte 4 - 11 und rechts 7 - 6 - 3 - 9.)

Die Schmetterlinge werden zum Schluss angebracht, wobei die Aufhängelöcher jeweils anders positioniert sind.

Tropenzauber

Ca. 44 cm x 50 cm

- Kantholzstäbchen, 4 mm - 5 mm breit, 30 cm lang
- 4 rote Holzperlen, ø 8 mm
- 83 gelbe Holzperlen, ø 6 mm
- Klebstoff
- Lochzange
- Vorstechnadel
- Nylonfaden

Stabilisieren Sie die grüne Blatt-Aufhängevorrichtung, indem Sie auf der Rückseite das Holzstäbchen ankleben (gestrichelte Linie).

An jede Blüte wird ein Faden geknüpft, auf den zuerst eine rote und dann mehrere gelbe Perlen aufgezogen werden, bevor er an der Aufhängung fixiert wird. (Anzahl der gelben Perlen an den drei Blütenstielen: von links nach rechts 6 - 37 - 15 - 25.)

Abschließend befestigen Sie die Kolibris.

Von Blüte zu Blüte

Beschreibung Seite 8

Alle Vöglein sind schon da

Höhe ca. 60 cm
Durchmesser ca. 25 cm

- Grün ummantelter Spanndraht, 1,50 m lang
- Blauer HOLZ-PEN
- Rundzange
- Seitenschneider
- Lochzange
- Nylonfaden

Malen Sie den Draht mit dem HOLZ-PEN blau an (evtl. mehrmals wiederholen) und formen Sie an einem Drahtende mit der Rundzange eine Aufhängeöse.
Biegen Sie nun den Draht zu einer Spirale, die oben einen Durchmesser von etwa 15 cm und unten von etwa 25 cm hat.
Die Augen und die Aufhängelöcher werden mit der Lochzange ausgestanzt.

Spuk im Schloss

Ca. 41 cm x 37 cm

- Rundholzstab, ø 4 mm, 41 cm lang
- Schwarzer HOLZ-PEN
- Schwarze 3D-Wellpappe
- Lochzange
- Zirkel
- Nylonfaden

Färben Sie den Holzstab mit dem HOLZ-PEN schwarz ein. Die Konturen des Schlosses übertragen Sie auf die glatte Rückseite der Wellpappe, schneiden es mit dem Cutter aus und hängen es an dem Holzstab auf.
Der Vollmond hat einen Radius von 3,5 cm. Die Fledermäuse haben unterschiedliche Löcher für die Aufhängung. Knüpfen Sie die Gespenster, die Fledermäuse, die Sterne und den Mond an den Holzstab bzw. in den Torbogen.

Eine Schnecke kommt selten allein

Abbildung Seite 16

Ca. 25 cm x 45 cm

- Grün ummantelter Spanndraht, 1 m lang
- Hellgrüner HOLZ-PEN
- Rundzange
- Seitenschneider
- Lochzange
- Vorstechnadel
- Nylonfaden

Malen Sie den Draht mit dem hellgrünen HOLZ-PEN mehrmals an und biegen Sie beide Enden jeweils zu einer Öse. Anschließend wird der Draht zu einem S geformt. Hängen Sie den kleinen Pilz in den kleinen und den großen Pilz in den großen Bogen. Nun können die Schnecken befestigt werden.

Herbstzeit

Ca. 34 cm x 32 cm

- Rundholzstab, ø 3 mm, 34 cm lang
- Gelber HOLZ-PEN
- 4 rote Holzperlen, ø 10 mm
- Bohrmaschine (Bohrer ø 3 mm)
- Lochzange
- Nylonfaden

Malen Sie den Holzstab mit dem HOLZ-PEN gelb an. Anschließend werden die Löcher der Holzperlen mit der Bohrmaschine auf 3 mm Durchmesser erweitert und auf den Holzstab gesteckt.
Die bunten Blätter entstehen immer aus der gleichen Vorlage, nur die Farbe und das Aufhängeloch sind verschieden.
Mit der Lochzange werden die Punkte auf dem Pilzhut und die Schneckenäuglein ausgestanzt.

Eine Schnecke kommt selten allein

Beschreibung Seite 14

Bunte Unterwasserwelt

Beschreibung Seite 18

Bunte Unterwasserwelt

Abbildung Seite 17

Ca. 37 cm x 55 cm

- Grün ummantelter Spanndraht, 4 Stück à 45 cm lang
- Blauer HOLZ-PEN
- Rundzange
- Seitenschneider
- Lochzange
- Nylonfaden

Malen Sie die vier Drahtstücke mit dem HOLZ-PEN blau an. An den Enden wird mit der Rundzange jeweils eine Öse geformt. Von Hand werden leichte Wellen in die Drähte gebogen, bis sie etwa 37 cm lang sind.
Binden Sie die Drahtstücke im Abstand von jeweils 15 cm untereinander. In die Zwischenräume hängen Sie immer drei Fische. Das Aufhängeloch ändert sich von Fisch zu Fisch, damit sie nach oben, nach unten oder waagerecht schwimmen.

Familie Petz

Ca. 45 cm x 60 cm

- Drahtbügel: 1 Stück à 20 cm, 3 Stück à 15 cm lang
- Lochzange
- Vorstechnadel
- Nylonfaden

An jeden Bären wird ein Nylonfaden geknüpft. An das obere Fadenende binden Sie eine kleine Öse, die Sie in das Häkchen des Drahtbügels einhängen.

Vorsorge für den Winter

Ca. 50 cm x 50 cm

- Grün ummantelter Spanndraht, 2,75 m lang
- Roter HOLZ-PEN
- Lochzange
- Vorstechnadel
- Nylonfaden

Färben Sie den Draht mit dem roten HOLZ-PEN ein. Nach dem Trocknen wird er jeweils nach 55 cm so umgebogen, dass die fünf Drahtabschnitte parallel verlaufen. Nun biegen Sie leichte Wellen und Knicke hinein. Damit die Aufhängung stabil ist, werden die gewellten Drahtabschnitte ein wenig ineinander verschlungen.
Schneiden Sie bei den Igel-Schablonen alle Stacheln, die nicht an der Umrisslinie liegen, als Dreiecke ganz heraus. Wenn Sie dann die Konturen auf den Tonkarton übertragen, zeichnen Sie jeweils nur die beiden langen Seiten der Stacheln auf. Beim Ausschneiden werden die Schnittlinien an den Stacheln verbreitert oder die Stacheln werden nach vorne bzw. nach hinten geknickt, um einen plastischen Effekt zu erzielen. Die gebogenen Innenschnitte am Obst werden nicht verbreitert.
Zum Schluss hängen Sie zuerst die Äpfel und Birnen, dann den Korb und schließlich die Igel an den Drahtbügel.

Frosch-Hochsprung

Abbildung Seite 24

Ca. 45 cm x 60 cm

- Drahtbügel:
  1 Stück à 20 cm,
  1 Stück à 25 cm lang
- Lochzange
- Vorstechnadel
- Nylonfaden

An jeden Froschkopf knüpfen Sie einen Nylonfaden und nach 3 cm bzw. 4 cm befestigen Sie eine der 2 bzw. 3 Fliegen. An die jeweils letzte Fliege wird ein Faden gebunden, den Sie am oberen Ende mit einer kleinen geknüpften Öse versehen. An dieser Öse wird die Fliegen-Frosch-Kette in den Drahtbügel eingehängt.

Über den Wolken

Ca. 50 cm x 58 cm

- Rundholzstab,
  ø 4 mm,
  45 cm lang
- Blauer HOLZ-PEN
- 2 blaue Holzperlen,
  ø 12 mm
- Bohrmaschine
  (Bohrer, ø 4 mm)
- Lochzange
- Nylonfaden

Erweitern Sie die Löcher der Holzperlen mit der Bohrmaschine auf 4 mm und stecken Sie die Perlen auf den mit einem blauen HOLZ-PEN bemalten Holzstab. Daran knüpfen Sie die Drachen und die Wolken.

Frosch-Hochsprung

Beschreibung
Seite 22

Besuch aus dem All

Höhe ca. 70 cm
Durchmesser ca. 25 cm

- Grün ummantelter Spanndraht, 2,4 m lang
- Evtl. hellgrüner HOLZ-PEN
- Rundzange
- Seitenschneider
- Lochzange
- Zirkel
- Vorstechnadel
- Nylonfaden

Der dunkelgrüne Draht kann mit einem hellgrünen HOLZ-PEN übermalt werden. Nun biegen Sie an einem Ende mit der Rundzange eine Öse. Anschließend wird aus dem Draht eine Spirale mit ca. 25 cm Durchmesser geformt. Verwenden Sie beim Abpausen der Planeten einen Zirkel. Das kleine Kreuz markiert die Einstichstelle.
Hängen Sie die drei Ufos untereinander in die Spirale. Die Planeten werden ringsum am Draht befestigt.

Tipp: Die Planeten können Sie auch aus Hologrammfolie arbeiten. Sie wird beidseitig aufgeklebt.

Gute Nacht bei Fuchs und Hase

Beschreibung
Seite 28

Mein Freund, der Clown

Beschreibung
Seite 28

Gute Nacht bei Fuchs und Hase

Abbildung Seite 26

Ca. 44 cm x 54 cm

- Drahtbügel: 2 Stück à 25 cm, 1 Stück à 12,5 cm lang
- Lochzange
- Vorstechnadel
- Bindfaden

Befestigen Sie jeweils einen Faden an den Tieren und Tannen. Ein Teil der Motive wird miteinander verbunden, beim Rest wird an das andere Fadenende eine kleine Öse geknüpft, mit der das Motiv am Drahtbügel eingehängt wird (vgl. Abbildung).

Mein Freund, der Clown

Abbildung Seite 27

Höhe ca. 64 cm
Breite eines Clowns ca. 18 cm

- Lochzange
- Zirkel
- Vorstechnadel
- Nylonfaden

Für die Bälle zeichnen Sie mit dem Zirkel auf den Tonkarton Kreise mit je 1,6 cm, 2,5 cm und 3,3 cm Radius und schneiden sie aus.
Die Löcher für den Faden werden mit der Nadel gestochen. Hängen Sie die Clowns zusammen mit den unterschiedlich großen Kartonscheiben wie Ketten untereinander auf.
Sie können Clowns und Bälle auch an mehreren Bügeln oder an einem Holzstab nebeneinander anordnen.

Munteres Treiben

Abbildung Seite 29

Ca. 40 cm x 53 cm

- 3 Holunderzweige: 2 Stück à 20 cm, 1 Stück à 34 cm lang
- Klebstoff
- Rebschere
- Lochzange
- Vorstechnadel
- Nylonfaden

Die beiden kürzeren Zweige werden jeweils mit zwei Fäden wie Schaukeln an den langen Zweig gehängt. Beim rechten wird dabei der rechte Faden vom Zweig durch das Aufhängeloch im Rücken des Eichhörnchens geführt, damit es nicht umkippt. Zusätzlich werden die Pfötchen an den Zweig geklebt.
Die Blätter weisen für die Aufhängung an unterschiedlichen Stellen Löcher auf.

In Teufelchens Küche

Ca. 40 cm x 48 cm

- Grün ummantelter Spanndraht, 1,7 m lang
- Schwarzer HOLZ-PEN
- 10 schwarze Holzperlen, ø 6 mm
- 11 rote Holzperlen, ø 6 mm
- Rundzange
- Lochzange
- Rotes Häkelgarn

Färben Sie den grünen Draht mit dem HOLZ-PEN schwarz ein und biegen Sie ihn in unregelmäßigen Zacken so, dass sich die beiden Enden etwas neben der Mitte treffen. Dort werden sie ineinander verschlungen. Damit der Bügel seine Form behält, werden auch die Drahtwindungen an zwei oder drei Stellen umeinander geführt.
Über den Kartonmotiven werden jeweils drei Holzperlen auf die roten Fäden gezogen, bevor sie eingehängt werden. Die dritte Fledermaus wird ohne Faden direkt am Bügel befestigt.

Kinderspiel

Ca. 50 cm x 50 cm

- Drahtbügel: 1 Stück à 20 cm, 3 Stück à 15 cm lang
- Lochzange
- Vorstechnadel
- Nylonfaden

Binden Sie an jede Figur einen Nylonfaden. In das obere Ende wird jeweils eine kleine Öse geknüpft, die Sie in die Häkchen der Drahtbügel einhängen.